地图上的历史足迹

马可·波罗行纪

中国大百科全书出版社

目录

4 一个未完的使命

对中国皇帝许下的一个承诺

6 最和平的国度

威尼斯，地中海的霸主

8 马可·波罗的旅程

一幅往来行程路线的地图

10 圣地

第九次十字军东征时期的耶路撒冷

12 神奇的东方国度

美索不达米亚平原、波斯和阿富汗之旅

14 亚洲的中心

帕米尔高原与戈壁沙漠

16 朝见圣上

忽必烈大汗，权倾天下

18 奇妙的大都

漫步在元朝的都城

20 走进中国

马可·波罗在元朝供职的经历和千奇百怪的见闻

22 最后一道圣旨

马可·波罗离开了中国……

24 漂洋过海

乘着海风，扬帆起航

26 旅程的最后一站

终于回家了！

28 一部神奇的著作

《马可·波罗行纪》问世

30 马可·波罗的挎包

给读者的知识小测试

32 今天的地中海 今天的亚洲 地中海 亚洲

试一试，认出地图所示的国家和地点，并绘制出马可·波罗的旅行路线

一个未完的使命

马可·波罗，中世纪著名的旅行家，1254年出生于威尼斯。他的父亲尼科洛·波罗和叔父马泰奥·波罗是两位机智勇敢的生意人，他们在君士坦丁堡拥有一家生意兴隆的贸易公司。

①

1260年，尼科洛和马泰奥率领着载满昂贵珠宝的商队前往东方，并把这些珠宝卖给了成吉思汗的孙子别儿哥汗。别儿哥汗在今俄罗斯南部地区统治着一个巨大的蒙古帝国汗国。

②

在所有交易都顺利完成之后，两兄弟本想打道回府，然而此时蒙古族的不同汗国之间发生了战事，使他们回家的道路变得凶险万分，于是他们便沿着亚洲北部广阔的草原继续旅行，最终到达了中国。

安全港口

波罗兄弟和其他威尼斯商人一样，他们有权使用“安全停泊处”。这些“安全停泊处”是位于**地中海**的各港口和**黑海**的克里米亚港口，来往的客商可以交换和存放商品。

3

在中国，波罗兄弟遇到了元世祖忽必烈大汗，他对西方世界和基督教产生了浓厚的兴趣。忽必烈把一项史无前例的外交任务交托给了尼科洛和马泰奥：希望教皇能赠予他一瓶灯油——来自耶路撒冷圣墓教堂里那盏长明灯的灯油。

4

两位威尼斯商人于1269年踏上归途，他们终于能够再一次看到家乡的大海，闻到地中海海水的味道，也终于能够与家人团聚了。

最和平的国度

在马可·波罗生活的那个时代，威尼斯共和国拥有强大的海上军事实力和繁荣的经济贸易实力。

它的舰队控制着亚得里亚海岸的绝大部分地区和爱琴海的许多岛屿，这里是欧洲商品最为丰富的地方。

当时的人们都认为威尼斯是“最和平的国度”，对于当时那些威尼斯伟大的君主来说，这个称号实至名归。

威尼斯的流通货币原本是公国货币，后来改为杜卡特金币。

威尼斯的航海者在起航前都会朗诵这段祈祷文：“庇护我们吧，主啊，保佑您虔诚的水手免受风雨的侵袭，请您庇护我们远离突如其来的海难和狡猾的敌人所布下的无情陷阱。”

土耳其货栈

货栈是一些作**仓库**用的建筑，也常用来留宿那些将船停泊在威尼斯的外国商人。

大运河

威尼斯城是建在一座座**小岛**上的，小岛之间大大小小的**运河**被人们称作小道，而威尼斯最重要的交通要道就是著名的大运河。

威尼斯舰船

威尼斯商船的船身是圆形的，与卡拉维尔帆船相似，船体有充足的容积来装载商品。而威尼斯的军舰大多为桨帆船，这种桨帆船源于古罗马舰队的战船。

公爵角帽

共和国总督

共和国总督由**威尼斯大议会选举产生**，权力大小等同于国王或皇帝，在上任的加冕典礼上，他会戴上公爵角帽，这是一种造型奇特的帽子，被戴在纯白色的覆耳头套之上。

圣马可广场

圣马可广场是威尼斯的公共活动中心，在那里矗立着总督居住的**公爵府**以及**圣马可大教堂**。

造船厂

威尼斯舰队的军舰都是在这里生产的，那时的人们使用与近代汽车工业相似的流水线生产方式制造军舰。

马可·波罗的旅程

1271年，尼科洛·波罗和马泰奥·波罗再次起航前往东方，这次，17岁的马可·波罗跟着父亲和叔父一同踏上了东去的旅程。

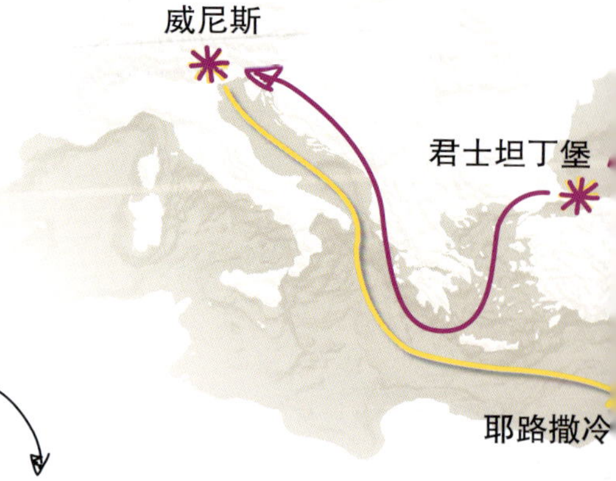

我沿着陆路和海路一直不断地前进，最终走到了远东的边界。

我见到了许多陌生而奇妙的国家、城市和居住在那里的人。

我的冒险经历是如此不可思议，以至于每当我向人们讲述我的经历时，他们都觉得我是在做白日梦……

经历了三年半的旅程，马可·波罗一行终于抵达了中国并谒见了忽必烈大汗。此后，他留在元朝供职，在这期间他走遍了中国的大江南北，完成了大汗交付给他的各种重要任务。17年后，马可·波罗由海路经苏门答腊岛、斯里兰卡和印度，于1295年返回威尼斯，那时他离开故乡已经有24年的时间。

忽必烈大汗，中国最伟大的皇帝之一，他欣赏马可·波罗的勇气并对他予以信任。

数之不尽的奇妙冒险

马可·波罗返回威尼斯后，人们对于他的生平见闻其实知道的很少，直到被热那亚的军队俘虏后，他向狱友——比萨作家鲁思梯谦口述了他的旅行经历，从而两人合著了闻名世界的**《马可·波罗行纪》**（也称《东方见闻录》），马可·波罗的伟大冒险经历才被人们所熟知。

丝绸之路

马可·波罗来中国时走的是丝绸之路，丝绸之路自古以来一直是中西贸易往来的重要通道，它**全长约7000千米**，途经高山、沙漠，途中强盗横行。虽然丝绸交易能赚大钱，但有勇气踏上丝绸之路的商人却很少。然而，马可·波罗不畏艰险，走完了全程！

圣 地

为了完成使命——从圣墓教堂里得到一瓶神圣的灯油，马可·波罗一行前往耶路撒冷。虽然那时耶路撒冷城已经被穆斯林军队占领，但圣地城门仍然向来自欧洲各地的前来朝拜的基督徒打开。

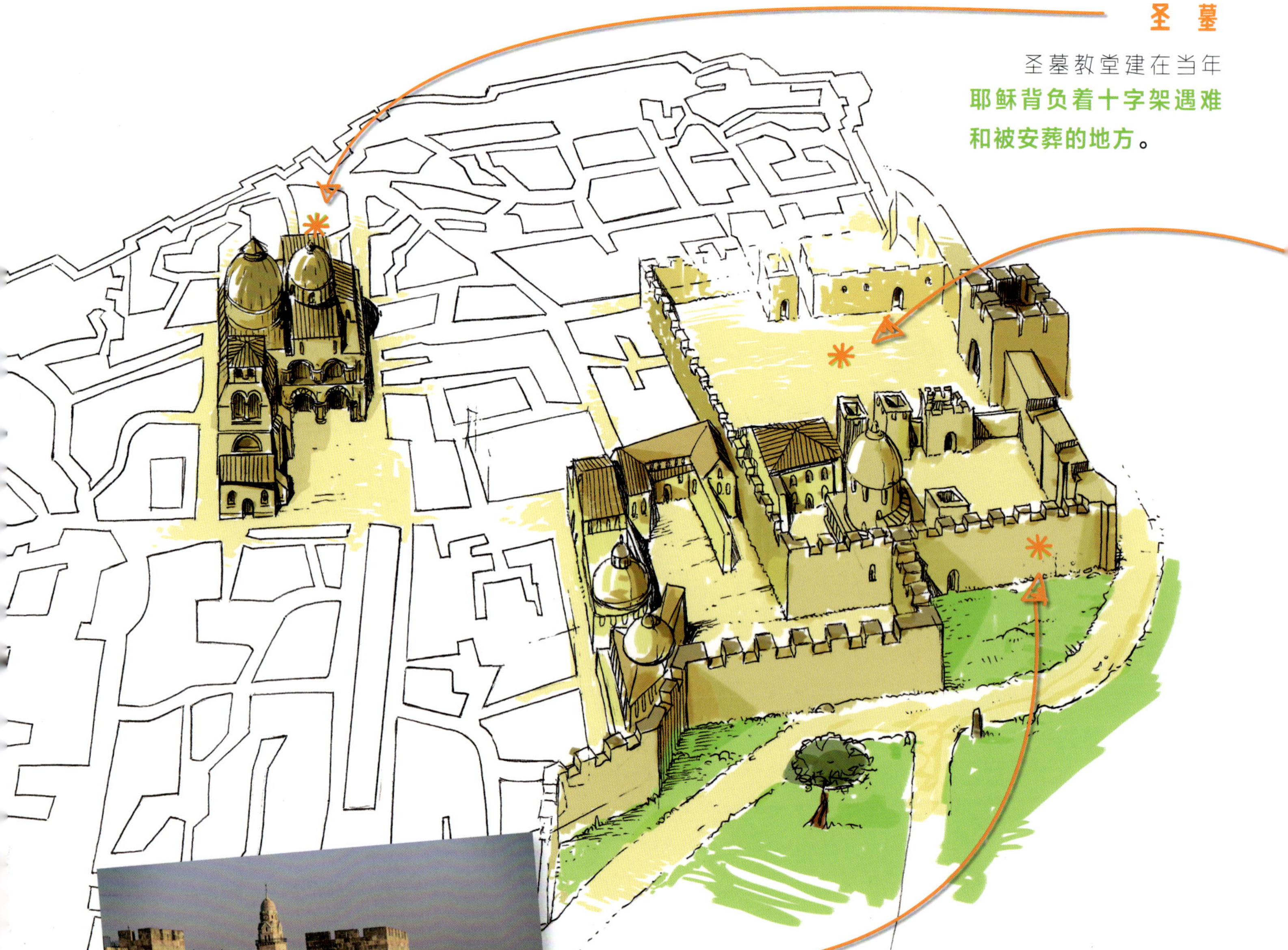

圣 墓

圣墓教堂建在当年**耶稣背负着十字架遇难和被安葬的地方**。

城 墙

古老的城墙至今仍围绕着**耶路撒冷古城**。16世纪初，在奥斯曼土耳其苏莱曼大帝的命令下，耶路撒冷开始了城墙的重建工程。

十字军东征

指罗马天主教为了从伊斯兰教手中收复耶稣曾生活、布道、遇难的圣地耶路撒冷，而发起的一系列战争。11~13世纪，十字军多次发起远征，但还是没能取得战争的最后胜利。当马可·波罗抵达耶路撒冷时，正逢第九次东征时期，也是最后一次。

占领圣地

1099年，十字军第一次东征时成功占领耶路撒冷。1187年，耶路撒冷再次被萨拉丁所领导的穆斯林军队占领。

为恪守基督教军队的传统，士兵们都将一个“十”字形的纹章绣在战袍上，或画在盾牌上，这也是十字军这一名称的由来。

圣殿遗址

公元70年，**耶路撒冷圣殿**毁于罗马帝国统帅提特斯之手。

耶路撒冷之所以特别，是因为它同时是三大宗教的圣地：犹太教、基督教和伊斯兰教。

为了谒见新任教皇格里高利十世，马可·波罗一行来到了耶路撒冷附近的一座小城阿克里。教皇交给他们一封他写给忽必烈大汗的私人信函，并为他们的旅行赐福。

神奇的东方国度

离开圣地后，马可·波罗一行经过了亚美尼亚人和库尔德人所居住的土地，再沿着底格里斯河顺流而下，之后他们抵达了位于两河流域（底格里斯河和幼发拉底河）美索不达米亚平原的中东古城巴格达。

商队客栈

是一种被高墙包围着的建筑，坐落在**商道**的途中。客栈不仅供商人住宿，也是用来交换和存放货物的场所。

一千零一夜之城

巴格达的建筑装饰就像绣在石头上的刺绣一样，精美绝伦；香料、锦缎、黄金，各种各样的珍奇商品陈列在这里的**集市**上，琳琅满目，数不胜数。

这里的男人不戴帽子，而是用一条布把头包起来。

马可·波罗一行抵达巴士拉后，就乘船沿着波斯湾海岸顺流而下直抵霍尔木兹海峡。随后，他们再向东北方向前进便到达了波斯的克尔曼城，然后向阿富汗的北方继续前进，到达了马可·波罗认为统治者是亚历山大大帝后裔的巴达赫尚。

红色尖晶石是一种深红色的宝石，它们被马可·波罗称为“巴拉斯”红宝石。

珍贵的宝石

巴达赫尚**矿产资源丰富**，出产大量“巴拉斯”红宝石、蓝宝石、天青石和银矿，它们让马可·波罗一行流连不前。在那里，珍贵的宝石都是国王的财产，任何未经允许就染指这些珍贵矿产的人都会被斩首。

这些香料有：胡椒、肉豆蔻、藏红花、肉桂、生姜等。

香料

由具有浓重香味的**植物**的种子、根部、果实等制作而成，可以用于烹饪，它们赋予菜肴独具特色的风味。在古代和中世纪的西方，这些香料十分珍贵而稀有，它们大部分由东方贸易进口而来。

固若金汤的土坯要塞

克尔曼境内的巴姆要塞俯瞰着丝绸之路沿途的沙漠，这是一座完全用土砖筑起、坚固得不可思议的城池。它建于公元前500年前后，并一直使用到19世纪中叶，但它被废弃的原因至今仍然是个谜。

亚洲的中心

马可·波罗最为艰难和危险的经历莫过于翻越在当时被誉为“世界屋脊”的帕米尔高原①和穿越昼夜温差巨大、荒无人烟的戈壁沙漠。②

① 帕米尔高原地域辽阔，横跨阿富汗、塔吉克斯坦和中国，平均海拔超过4000米。不仅如此，高原的四周还环绕着海拔超过7000米的山脉。经过漫长的攀登，马可·波罗发现海拔越高，空气就越稀薄，因而呼吸也成为一大难题。在这样艰苦的环境下，马可·波罗以他坚忍的耐力越过了严寒笼罩下的高山，然后沿着悬崖峭壁找到了下山的路……

传说沙漠是鬼魂的居所，
他们会模仿你同伴的声音呼唤你的名字……
他们会用这种声音欺骗你，让你远离你的商队，
使你在沙漠里永远找不到回家的路。

恐龙的墓地

戈壁沙漠是考古学家和古生物化石专家的天然宝库，事实上，风沙对这里岩石和土壤的持续侵蚀使得那些至少在8000万年前生活在这里的动物残骸重见天日，这其中不乏各种恐龙化石。

恐龙头骨化石

穿越戈壁沙漠花费了马可·波罗一个月的时间，这是一片占据了蒙古高原约1/3面积的荒芜地带。这里也是地球上全年气温跨度最大的地区，年温差高达85℃——从冬季的-40℃到夏季的45℃。就连一天24小时内的气温变化也是十分巨大的，白天这里的气温能够超过30℃甚至40℃，而到了晚上，竟会一下子降至-40℃左右。

蒙古包

从还没有文字记载的年代开始，蒙古包就是亚洲中部**游牧民族**的住所。蒙古包是一种**大型帐篷**，它利用木质的围栏支撑，再用厚厚的羊毛毡包裹，蒙古包内温暖而舒适，既便于搭建，又便于拆卸移动，非常适于游牧生活。

骆驼

大约在4500年前，人类就开始驯养骆驼并将其作为运输的工具。在今天的戈壁沙漠中，仍然有**野生骆驼**生活在那里，但数量非常少，大约只有800头。

恐龙蛋化石

1971年，在戈壁沙漠中的一处挖掘现场，一具完整的迅猛龙和一具原角龙骨架化石被一起挖掘出来。你们可以想象一下，当时在现场的古生物化石专家是多么欣喜若狂。据推测，当灾难突然降临的时候，这两只恐龙正处于激烈的搏斗之中。化石在戈壁沙漠中保存得格外完整，因此科学家得出了这样的推论：当时的戈壁沙漠极有可能爆发了剧烈的风暴，于是这两只恐龙就被迅速埋葬在厚厚的沙层之下。

朝见圣上

经过三年漫长的旅程，马可·波罗终于抵达了上都——忽必烈大汗的夏都。在上都有一片占地广阔的御花园，这里流水潺潺，中央的小树林浓翠蔽日，草地上四处奔跑着麝、麋鹿和其他野生动物。

猎鹰训练术

大汗拥有200多只**猎鹰**，它们全部是训练有素的狩猎能手，其中一部分猎鹰甚至能够在夜间狩猎。在蒙古大草原上，猎鹰是高贵、强大与勇气的象征。

在秦代，有数以百万计的人参加了万里长城的修筑，所有年满23岁和未满56岁的男子每年都会被征为劳役，为修筑长城劳动一个月。

在游记中，马可·波罗并没有提到万里长城——人类历史上最重要的成就之一。虽然万里长城的修筑在距元朝很久以前的公元前200年左右就开始了，但实际上，直到13世纪，长城还在不断地被改建和修葺，各处城墙并没有连接在一起，直至明朝（1368~1644），万里长城才终于全部连成一体。可能正是因为这个原因，万里长城在当时没能引起马可·波罗的注意。

长城的修建是为了抵御来自北方的侵扰。从最新获取的GPS卫星图像中可见，明长城全长达8851.8千米，跨中国10个省、市、自治区。

曲折蜿蜒的万里长城守护着北京城的西北方。

比起上都的宏伟宫殿，大汗更喜欢住在帐篷里，这座帐篷实际上是一座用竹子和丝绸搭建而成的移动寝宫，用今天的话来说，这座寝宫集万千尊贵于一身。就在这里，忽必烈大汗接见了马可·波罗一行并结识了马可·波罗，大汗立刻对他产生了一种特别的好感。

忽必烈的狩猎

作为一名拥有尊贵血统的蒙古族战士的后裔，元世祖十分热衷于打猎，打猎时会带着他御用的猎鹰或他所**驯养的猎豹**，他一边驰骋于马背之上，一边指挥它们冲向他所追赶的猎物。

最近的研究发现，
长城砖石之间所使用的黏合剂，
是由石灰和糯米浆等混合而成的，
有着非常强的黏合力。

奇妙的大都

大都，就是今天的北京城，是忽必烈所统治的元朝的都城。那是一座巨大的城池，四周被坚固的城墙紧紧包围，城墙之间开有12座城门，从那里延伸出去的道路通往帝国所有的省城。

（编者注：应为11座城门，北面城墙只有2座城门，其他三面各有3座城门。）

一年最寒冷的几个月里，忽必烈大汗会居住在大都戒备森严的皇宫里，皇宫四周围绕着深深的护城河。皇宫里还耸立着其他建筑：用来储存皇室私有财产和帝国巨大财富的金库，皇帝妻子儿女生活的后宫。如果没有特别的许可，没有人能够擅自进入皇宫。

珍贵的丝绸

每天，**未经加工的丝绸**被源源不断地运往大都的各种作坊里。在那里，技艺超群的手艺人在丝绸上染出或刺上美丽的图案，之后做成衣服、披风和毯子并把它们卖给商人们，再经由商人之手“出口”至世界各地。

北京

马可·波罗到达这里时，它叫大都。

在中国，神话中的龙是安康、祥瑞和力量的象征。

集市

在大都的集市里能够找到各种珍贵的商品，如**珍珠**、**兽皮**、**黄金**、**香料**和**玉器**。集市里面人山人海，这里不仅聚集着来自世界各地的商人，还有许许多多个远万里前来参拜帝王的使臣。

预知未来

大都的**占星家**和**预言家**远近闻名，他们为数众多且受到忽必烈大汗的庇护，大汗不仅让他们衣食无忧而且还修建庙宇和寺院，为他们提供施展法术的场所。

这些预言都是骗人的把戏……
他们先预言你的未来，然后补充道，
这些未来的命数都是有可能改变的……

走进中国

马可·波罗留在元朝为忽必烈供职17年之久，在这17年里，他不仅为元朝执行外交任务，还游历了中国的大江南北。

法师与藏獒

马可·波罗一度被委派到**青藏高原**，那是一片依偎在喜马拉雅山脚下广袤而原始的荒原。在那里，他看见了“和驴一样大的大狗”，也遇到了世界上最强大的法师，他们可以呼风唤雨，无所不能。

马可·波罗所说的大狗其实是藏獒，它们高约1米，有的体重可达80多千克。

马可·波罗每一次完成任务回到大都后，都会向忽必烈大汗描述他一路上的所见所闻，并一次又一次地赞叹道：您的帝国多么神奇而多彩啊！

三峡大坝

马可·波罗对长江景色的印象十分深刻，它波澜壮阔的景象甚至一度让马可·波罗误以为自己来到了大海。如今，曾令这个威尼斯旅行家称赞不已、拥有秀丽江岸景色的大江上筑起了一道连接着水电站的巨大的水坝，三峡工程在2006年全面竣工。

三峡水电站的年发电量相当于1亿4000万桶石油所产生的能量。

长江上的一叶扁舟

炫目的笑容

马可·波罗发现，在**江苏**省，无论男女都喜欢在牙齿上镀上一层很薄的金饰，他们甚至还在手臂上和腿上刺上纹饰呢！

中国的威尼斯

马可·波罗对**杭州**做了着重的描述：这是一座修建于水上的古老城市，一座由石桥与运河构筑而成的迷宫。它让马可·波罗想起了故乡威尼斯。如今，杭州已是中国最发达的大都市之一。

三峡指的是长江流经的三个著名的峡谷：瞿塘峡、巫峡和西陵峡。

高达 185 米的巨型水坝和全长 600 多千米的水库为水电站提供了巨大的保障。当然，为了保证工程的顺利实施，库区周边的居民也已迁走，一些古老的城镇和历史遗迹被淹没在大江之中，生活在长江流域的珍稀动植物也受到了一定的影响。

最后一道圣旨

马可·波罗一家思乡之情日重，而忽必烈大汗却一直不舍得让马可·波罗离去，直到有一天，一个归国良机来了：远在波斯的伊利汗国王子向忽必烈求亲，欲迎娶阔阔真公主。

大汗派遣马可·波罗一行护送阔阔真公主抵达目的地，并为此组建了一支船队。1291年末，一支浩浩荡荡的船队载着阔阔真公主及其随行的奴仆、侍女和堆积如山的嫁妆，从福建泉州扬帆起航。另外还有一支全副武装的护卫军，他们直接听命于这三个威尼斯商人。

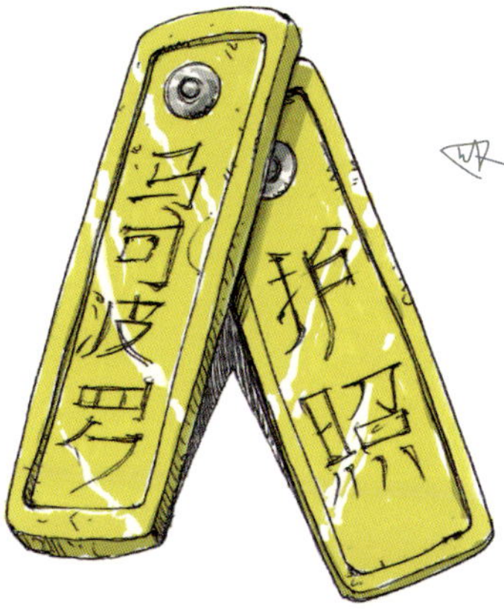

帝国的护照

忽必烈赐予马可·波罗两块印有**通关文书**的金牌，执此金牌者能够在帝国的所有邻邦和属国内获得协助与保护。

……马可·波罗一行穿过了台湾海峡，进入南海海域，再沿着越南和马来半岛沿岸的海岸线一路南下，为了等待有利的风向，他们在苏门答腊岛停留了多日……

奇 遇

怀着好奇的心情，马可·波罗深入了解了**苏门答腊岛**，在那里他看到了被人们当作矮人的猴子和独角兽犀牛，他还发现当地竟有吃人肉的习俗……

“万能船”

元朝的**帆船**除了能够用来捕鱼、运送货物和乘客外，还可以作为战舰，甚至作为水上的商业中心。马可·波罗的船队所配备的大型帆船以**橡木**为龙骨，船内空间充足，即使在汪洋大海上也能够乘风破浪，平稳航行。

船队的船帆是用竹竿来加固的。

帆船的航向是由巨大的船舵来控制的。

漂洋过海

借助有利的风向，船队再次起航，向西进发。

行至锡兰（今斯里兰卡）后，船队北上到达印度西海岸，然后朝着阿拉伯半岛方向继续航行。马可·波罗的这次航行持续了大约两年之久。

时至今日，对于往来于阿拉伯海的船只来说，海盗仍然是一个巨大的威胁。

海盗猖獗的海岸

霍尔木兹海峡连接着波斯湾和阿拉伯海，是东西方贸易的交通要道，这里的**海盗**十分猖獗，来往商船深受其害。这些海盗以掠夺商船上所装载的香料和其他值钱的货物为生。

苦行僧的饮食节制

印度的苦行僧是素食者，他们不杀生，甚至蔬菜也要干了之后才吃。这种节食法或许是世上最好的饮食方式，因为马可·波罗听说这些苦行僧能够活到150岁……

令人望而却步的群岛

马可·波罗听人们讲述了许多发生在**安达曼群岛**和**尼科巴群岛**上的恐怖故事。例如，人们传言，生活在安达曼群岛上的居民都长着像狗一样的头和牙齿，因此，这里的土著民族也叫“狗面族”。

宝石之岛

锡兰因出产珍奇的**宝石**而闻名于世，岛上的国王拥有一颗鲜红似火的宝石，传言称它“有人的手臂那么宽，有棕榈叶那么长”。

圣兽

马可·波罗发现，印度全国上下都把**牛**视为圣兽，因此没有人吃牛肉。

旅程的最后一站

把美丽的阔阔真公主送达目的地后，马可·波罗一行得知年迈的忽必烈大汗驾崩的噩耗，也正是因为如此，他们才如愿返回家乡。这时，他们只要再经过最后一站——君士坦丁堡，就可以抵达威尼斯。

圣索菲亚大教堂

圣索菲亚大教堂是君士坦丁堡最主要的历史遗迹，建于6世纪。它是拜占廷建筑艺术的典范，使用了昂贵的镶嵌工艺进行装饰，其中心穹顶的高度约有60米。奥斯曼土耳其人攻占君士坦丁堡后，将圣索菲亚大教堂改建成了**清真寺**，并在其四周建起了数座**宣礼塔**。

君士坦丁堡曾是拜占廷帝国的首都，也是希腊正教（东正教）教会所在地。

拥有三个名字的城市

公元前7世纪，一群希腊殖民者在博斯普鲁斯海峡西海岸建起了一座城市，并命名为“**拜占廷**”。330年，罗马帝国皇帝君士坦丁大帝迁都于此，改名为“**君士坦丁堡**”。1453年，君士坦丁堡被奥斯曼土耳其帝国攻陷，改名为“**伊斯坦布尔**”。

中世纪的航海手册是几张标记了海岸与港口位置的地图。

特拉布宗

“**找不到特拉布宗**”，你们听说过西方有这么一句话吗？意思是迷失了方向、迷路了。这句话源自一座叫作特拉布宗的城市，它是黑海沿岸的一个港口。特拉布宗作为一个明确的航海定位参照物，被中世纪的航海家视为一个重要地标。一般情况下，中世纪的航海家还未能拥有真正意义上的航海图，他们只能借助于**航海手册**来确定自己的位置。

一部神奇的著作

回到祖国后，马可·波罗在威尼斯共和国担任官职。1298年，在科尔丘拉战役中他作为一艘桨帆船的指挥官参战，战斗中，他被热那亚军队俘虏，锒铛入狱。

在被囚禁的几个月里，马可·波罗向他的狱友，一位来自比萨的作家鲁思梯谦讲述了他的冒险经历。就这样，一部神奇的著作——《马可·波罗行纪》诞生了。当年，因其所记载的光怪陆离、不可思议的见闻而被人们称为一部“奇书”。

《马可·波罗行纪》一夜之间轰动了整个欧洲，一时洛阳纸贵。重获自由的马可·波罗，不仅结了婚，而且还有了三个孩子，多年之后，终老于他深爱的威尼斯……

北京—巴黎汽车拉力赛

1907年1月，法国的《晨报》发起了一场汽车拉力挑战赛，比赛由北京出发最终到达巴黎，路线基本参照了马可·波罗在亚欧大陆上旅行的足迹。最终，5辆汽车参加了比赛，当时意大利王国的王子西庇奥尼·博盖塞也在其中，他所参赛的是一辆伊塔拉35/34HP，由车手埃托尔驾驶，记者吕吉·巴津尼作为特别乘客同行。由于巴津尼的功劳，这场北京—巴黎汽车拉力赛跃然成为一件轰动世界的新闻。旅程的每一天，巴津尼都将他所撰写的新闻稿通过电报发送到位于米兰的《晚邮报》报社和伦敦的《每日电讯报》报社，新闻稿辗转

鲁思梯谦是一名作家，
以写作为生，有一句源自法兰西的
中世纪古谚可以用来形容他的妙笔生花：
用沾了油的舌头编撰骑士的故事。

读了这部书以后，皇帝、君主
以及所有百姓都想去地球的另一端
看一看那不一样的世界……

于一个又一个通讯站，从亚洲发送到欧洲，甚至克服了时差的限制！次日早晨，世界各地都能够通过报纸了解到伊塔拉是驰骋于沙漠、高山、激流或（所谓的）公路，还是陷入了泥潭、扎破了轮胎或机器出现了故障……最终，伊塔拉赢得了拉力赛的胜利，在它到达巴黎后，主办方为它举行了颁奖典礼。从1907年6月10日至8月10日，历时62天的拉力赛中，伊塔拉行驶了16000千米，平均每日行驶约260千米。

伊塔拉现今陈列于都灵的汽车博物馆中！

马可·波罗的 吹牛

以下说法是真实的吗？答案就在下一页里。

①

夜间露营的准备工作完成后，马可·波罗一行升起了篝火，并把一些**土豆**放在炭灰里烤熟以充饥。

②

为了抵御帕米尔高原的严寒，马可·波罗拿出一张**牦牛皮**裹在身体上保暖。

③

在中国，马可·波罗见证了伟大的观赏艺术——**烟花**。

⑤

在广阔的大海上航行时，马可·波罗所在帆船的船长使用**指南针**来辨别方向。

④

马可·波罗进献忽必烈一块珍贵的**怀表**。

④ 不真实。第一块机械怀表出产于15世纪，使用了发条上链的技术。

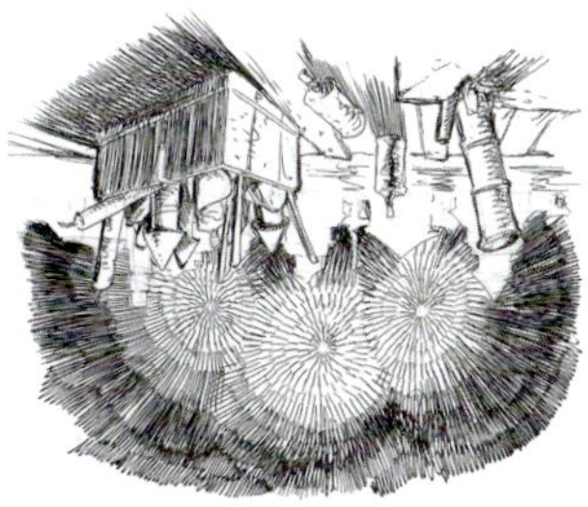

③ 真实。中国发明了焰火，它应用了1000多年前中国的另一项伟大发明——火药。火药是一种木炭、硫黄和硝石的混合物。13世纪中叶，焰火和火药因蒙古军队征伐而传入欧洲，也有可能由马可·波罗这样的商人引入欧洲。

⑤ 真实。据记载，目前使用的指南针的雏形大约出现在13世纪，是阿马尔菲的航海家弗拉维奥·乔亚发明的。但在这之前，中国人早已经将磁针应用于航海。因此，马可·波罗即使在出发时没有使用指南针，但在他回威尼斯的路上一定少不了指南针的帮助！

① 不真实。土豆，属于茄属，是马铃薯的通称，它的块茎可供食用。土豆原产于美洲中南部，约于1570年自西班牙人引入欧洲。之后，土豆的种植逐步扩大。大约于18世纪末，土豆成为欧洲中产阶级生活的基本食品。

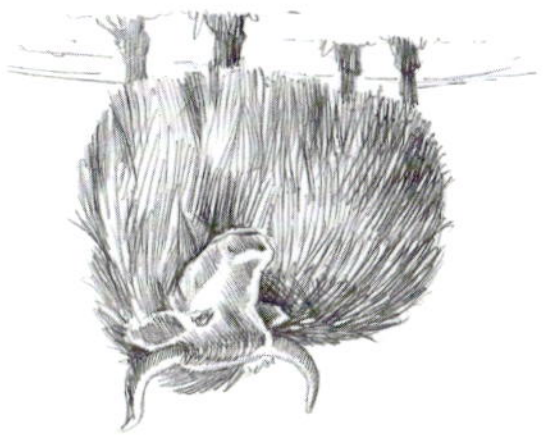

② 真实。牦牛是一种大型哺乳动物，也称藏牛。它们生活在帕米尔高原与西藏地区海拔6000米的高地上。当地居民驯养牦牛用于载货和食用，并从它们身上获取牛奶和皮毛。

马可·波罗到底长啥样？

由于没有马可·波罗东游时期的肖像画作为考证，几个世纪以来，从《马可·波罗行纪》的第一部手抄本问世至今，画师和插画家用他们无穷的想象力描绘出了一个又一个他们心目当中的马可·波罗的形象。

19世纪一幅身穿鞑靼族服装的马可·波罗画像和一个中国古代的马可·波罗人像雕塑。

今天的地中海

马可·波罗从威尼斯出发。

试着指出那些大约在8个世纪前见证
马可·波罗行程的国家和城市。

今天的亚洲

今天的北京，就是昔日的大都……

跋山涉水，不远万里，马可·波罗
穿过了两个大洲，终于到达元朝的都城——大都（今北京）。

地中海

试着绘制出马可·波罗的旅行路线吧！

或者，你也可以发挥想象，
设计一条属于你自己的旅行路线……

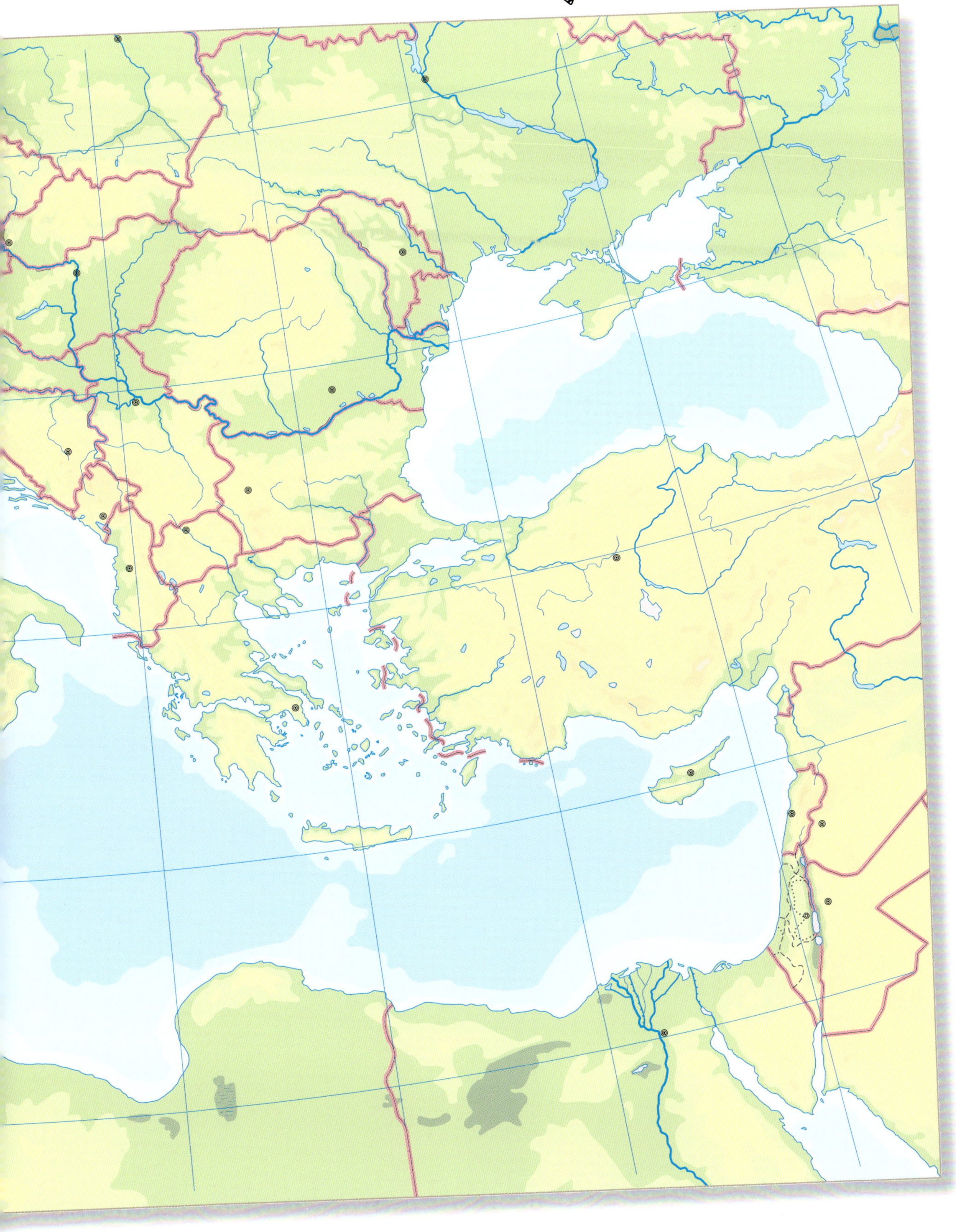

亚洲

请你画出马可·波罗亚洲旅途的所到之处。

如果这是你在亚洲的一次冒险，
画出你理想中的旅行路线吧！

北京市版权登记号 图字：01-2017-6299

图书在版编目（CIP）数据

马可·波罗行纪 / 意大利Geo4map公司编著；李亦颂译. -- 北京：中国大百科全书出版社，2018.3
（地图上的历史足迹）
ISBN 978-7-5202-0218-3

Ⅰ. ①马… Ⅱ. ①意… ②李… Ⅲ. ①马可·波罗（Marco Polo 1254-1324）—生平事迹—地图集 Ⅳ. ①K835.465.89-64

中国版本图书馆CIP数据核字(2018)第004541号

译　　者：李亦颂
责任编辑：袁　存
地图编辑：武周芳
美术编辑：朱　天
封面设计：菠萝圈儿
责任印制：魏　婷

出版发行：中国大百科全书出版社
地　　址：北京市西城区阜成门北大街17号
邮政编码：100037
电　　话：010-88390603
网　　址：http://www.ecph.com.cn
印　　刷：北京地大天成印务有限公司
经　　销：全国各地新华书店
开　　本：889毫米×1194毫米 1/16
印　　张：2.5
版　　次：2018年3月第1版
印　　次：2018年3月第1次印刷
书　　号：ISBN 978-7-5202-0218-3
审 图 号：GS（2017）2812号
定　　价：78.00元（全3册）

地图上的历史足迹

库克船长远航

中国大百科全书出版社

目录

4 一位伟大的航海家

梦想的萌芽

6 效忠皇室

英国皇家海军的年轻军官

8 库克的三次航海路线

一张航海路线图

10 "奋进号"

一艘运煤船的第二次生命

12 第一次航海：穿越好望角

太平洋与大西洋之间的危险航道

14 人间仙境——塔希提岛

浩瀚海洋中的神奇岛屿

16 考察新西兰

走进毛利人的世界

18 植物学湾

植物学家的天堂

20 大堡礁

险象环生的“奋进号”

22 第二次航海：征服南极

一次跨越南极圈的伟大冒险

24 海岛奇遇记

库克在南方海域的奇妙旅程

26 第三次航海：寻找北极

找寻西北海域的神秘航路

28 夏威夷，旅程的终点站

旅程虽止，传奇不朽

30 这张脸我在哪里见过呢……

给读者的知识小测试

32 今天的世界地图
今天的大洋洲
海洋地图
大洋洲地图

试一试，认出地图所示的国家和地点，并绘制出库克的航海路线

一位伟大的航海家

詹姆斯·库克于1728年10月27日出生在英国约克郡的一个村庄里，他的父亲是一个目不识丁的农夫。12岁的库克辍学后，就一个人来到惠特比的一家杂货店里打工。在这里，闻着海水的咸味，听着海浪拍打海岸的声音，他那伟大的航海梦在慢慢地萌芽。

21岁时，库克正式开始了他的航海生涯，在一艘运煤船上当水手。27岁时，库克自愿入伍，加入英国皇家海军。1768年，库克不仅成为一位有名的航海家，而且还在制图学、数学、天文学等领域崭露头角。因此，英国皇家学会聘用他为考察队指挥，带领船队前往南太平洋进行科学考察，拉开了库克船长环球航海之旅的序幕。

英国皇家学会

英国皇家学会成立于1660年，起到了**英国科学院**的作用，它为人类科学知识的进步做出了巨大贡献。三个半世纪以来，皇家学会的成员中不乏人类史上最伟大的科学家，从艾萨克·牛顿，到查尔斯·罗伯特·达尔文，直至当代的斯蒂芬·威廉·霍金，他们把智慧的火把一代代传承下去。

英国皇家学会的会训是拉丁文“Nullius in verba”，大意是“莫要听信人言，真理来自思考”。

一只负鼠

详尽的调查报告

库克将不计其数的考察资料进行了精心分类：**地理学、植物学、人类学、天文学……**正是近代学者这种精益求精的工作态度，才推动了现代科学的蓬勃发展。

我不仅打算比前人走得更远，
而且要尽我所能走到最远……

路易斯·安托万·德·布干维尔是法国第一个完成环球航行的探险家。

新锐航海家

每一次航海探险，库克都亲自参与准备工作，以策万全。他的航海风格与以布干维尔为代表的“冒险派”航海探险家有很大的不同，这些“冒险者”在选定一条航线后，便随波逐流任凭海浪把自己带到未知的大陆。而库克则每次都会以一种客观而科学的视角，来排除那些不可行的航线并找到正确的方向，因而他能够找到一条**准确无误的航海路线。**

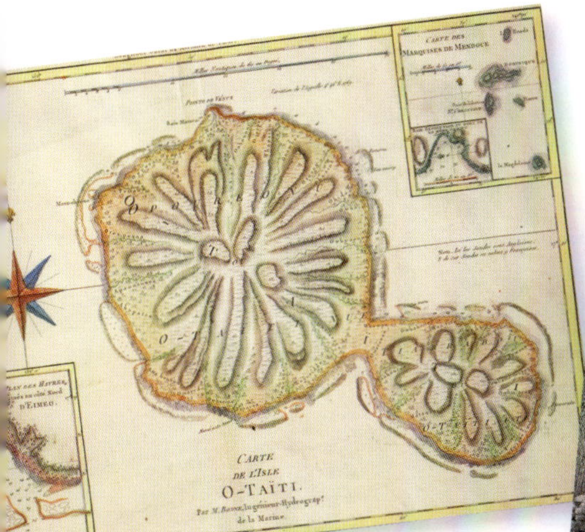

一张塔布提岛的地图

一位夏威夷的舞者

效忠皇室

库克参军之后不久，英法两国便陷入了七年战争的泥潭中，

这名年轻的水手奔赴前线，参与了北大西洋的海战。

不出所料，这是库克大展身手的天赐良机，他参军4年多，已被擢升为海军制图师。

Master &Commander

英国皇家军舰上的**制图师**或**领航员**，英语中都被称作“master”，他们直接听命于舰长“commander”，负有计算与绘制航线的重要职责。

我不仅打算比前人走得更远，
而且要尽我所能走到最远……

路易斯·安托万·德·布干维尔是法国第一个完成环球航行的探险家。

新锐航海家

每一次航海探险，库克都亲自参与准备工作，以策万全。他的航海风格与以布干维尔为代表的“冒险派”航海探险家有很大的不同，这些“冒险者”在选定一条航线后，便随波逐流任凭海浪把自己带到未知的大陆。而库克则每次都会以一种客观而科学的视角，来排除那些不可行的航线并找到正确的方向，因而他能够找到一条**准确无误的航海路线。**

一张塔布提岛的地图

一位夏威夷的舞者

效忠皇室

库克参军之后不久，英法两国便陷入了七年战争的泥潭中，

这名年轻的水手奔赴前线，参与了北大西洋的海战。

不出所料，这是库克大展身手的天赐良机，他参军4年多，已被擢升为海军制图师。

Master &Commander

英国皇家军舰上的**制图师**或**领航员**，英语中都被称作“master”，他们直接听命于舰长“commander”，负有计算与绘制航线的重要职责。

水手的艰苦生活

木质的假肢，带钩的假手，还有独眼，这些并非是电影作品对水手形象的夸大，它们是有史实根据的。事实上在航海生活中，伤筋动骨对于水手来说是家常便饭。在库克生活的那个年代，英国皇家海军殉难的船员中，死于事故的占30%，死于伤病的竟然高达50%，只有20%的船员死于敌人的袭击、火攻、沉船或海难。

参 战

库克参与了**加拿大**路易斯堡战役，与法国精英部队交战，并跟随英国军队进攻**魁北克**城，于1759年攻克了魁北克全境。

雅克·卡蒂亚

1534年，这位航海家奉法国国王之命前往**圣劳伦斯河流域**进行考察，之后他沿着河岸继续前进，竟发现了一片未知的土地，就是今天的加拿大。

精密制图

库克考察并测量了圣劳伦斯河床及河口的地形，绘制了一系列航海图。这些图纸的**精确和细致**程度令人叹为观止，甚至达到了20世纪的制图水准！

库克的三次航海路线

库克取得的重大地理发现，
对欧洲科学文化进步起到了巨大的推动作用。

第一次航海（1768~1771）

库克乘坐“奋进号”船绕过南美洲，抵达**塔希提**岛，为附近的社会群岛绘制航海图后再次出发，经由**新西兰**最终抵达并考察了**澳大利亚**东部沿岸。

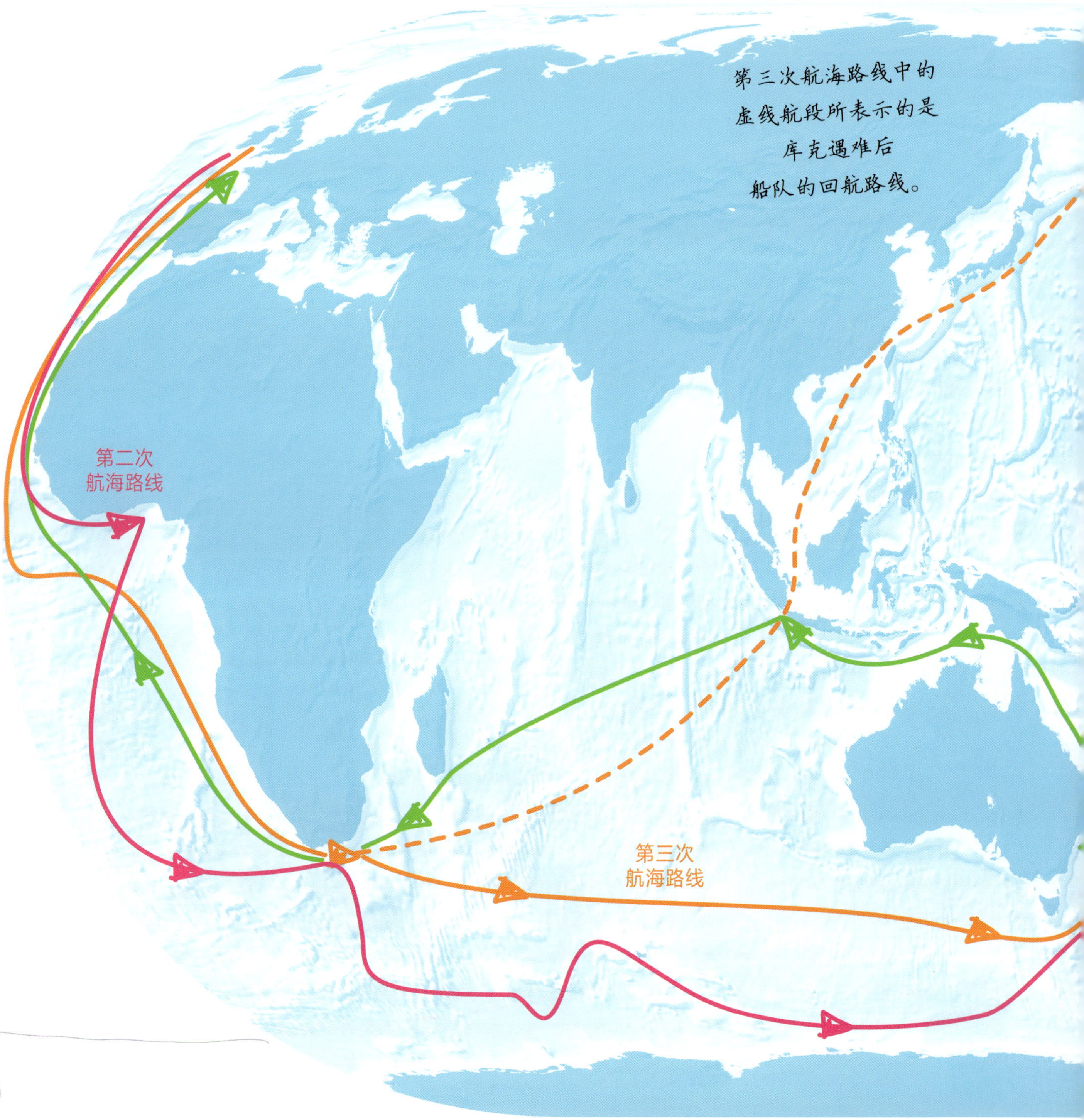

第二次航海（1772~1775）

库克指挥“决心号”与“冒险号”两艘船考察了太平洋上的无数群岛，此次航行中他不仅发现了桑威奇群岛，而且首度抵达了**南极圈**。

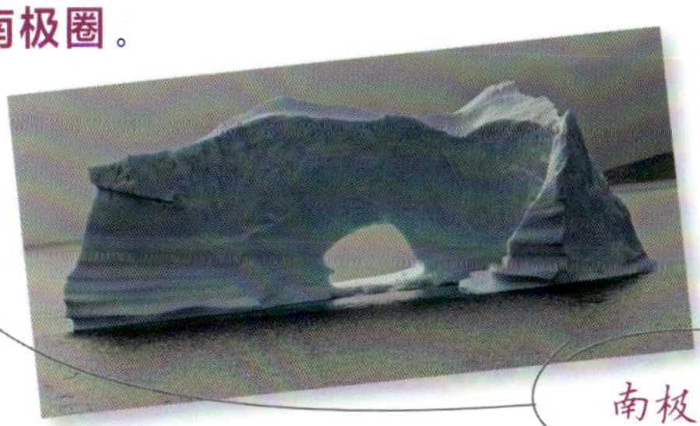

南极洲的冰山

夏威夷醉人的自然风光

第三次航海（1776~1779）

库克带领“决心号”与“发现号”两艘船再次扬帆起航，此行他发现了**夏威夷群岛**并抵达了北美洲的西北海岸，之后他带领船队沿着**白令海峡**向北上溯至冰封的海面。

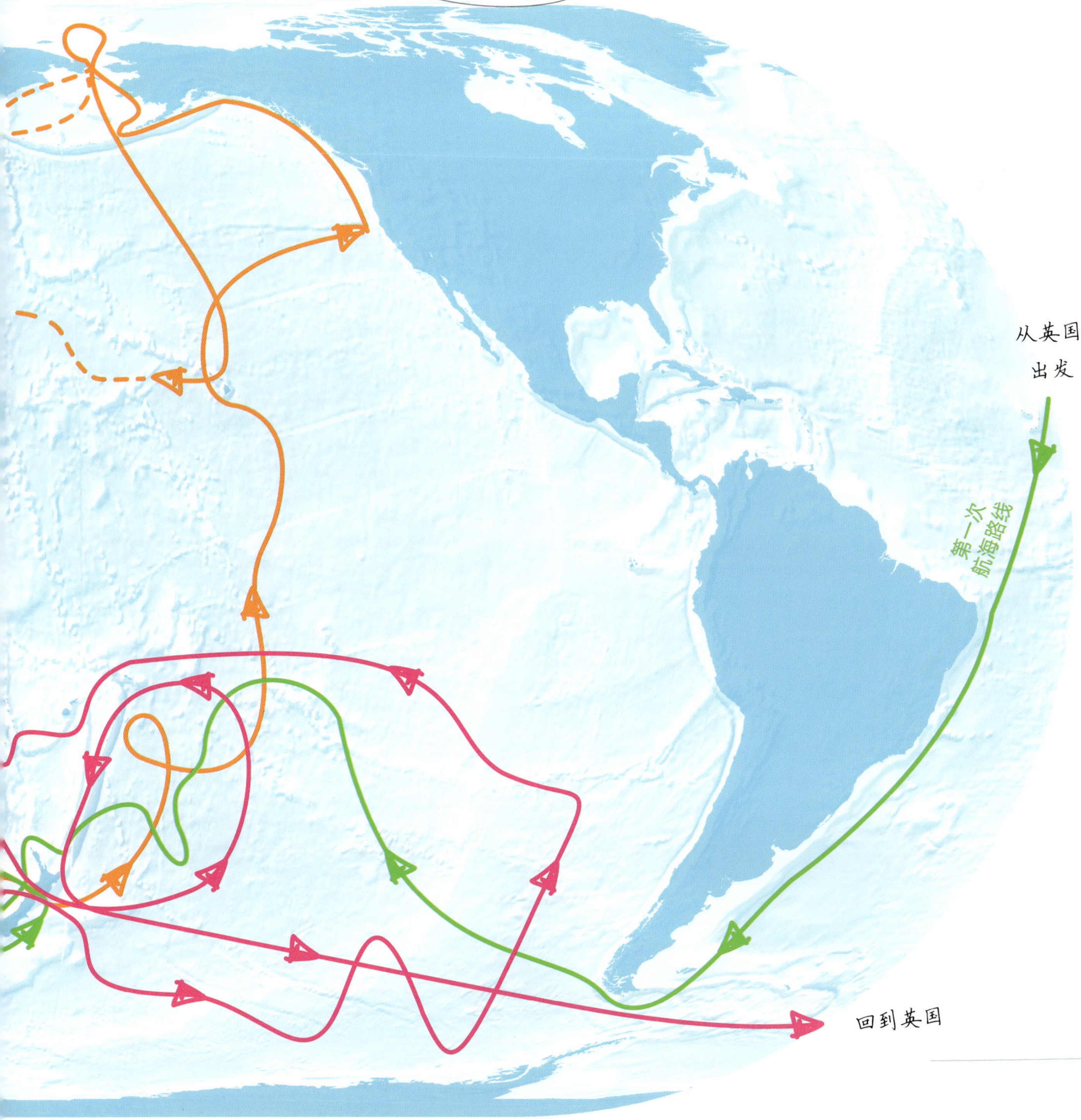

“奋进号”

首次环球航行时，库克选择了一艘他非常熟悉的船型——运煤船。

这艘运煤船原本称作“彭布罗克伯爵号”，

经过彻底翻修改造后更名为“奋进号”。

约瑟夫·班克斯

水手、学者与艺术家

“奋进号”共载员**97人**，其中包括一名独臂厨师，自然学家约瑟夫·班克斯也一同登船，他是一位富裕的贵族，为此次远航赞助了大量的资金，另外还有一名天文学家、一名植物学家、两名花匠和两名素描师（当时还没有发明照相机）。

库克的船长室

库克的船长室位于船尾，在那里放置着一张制图方桌，还有一个军官会议室。

英国民船所使用的旗帜为红船旗。

扬帆起航

启程的日子终于来临了，1768 年 8 月 26 日，“奋进号”的船头坚定地转向西南方，朝着南美洲进发。

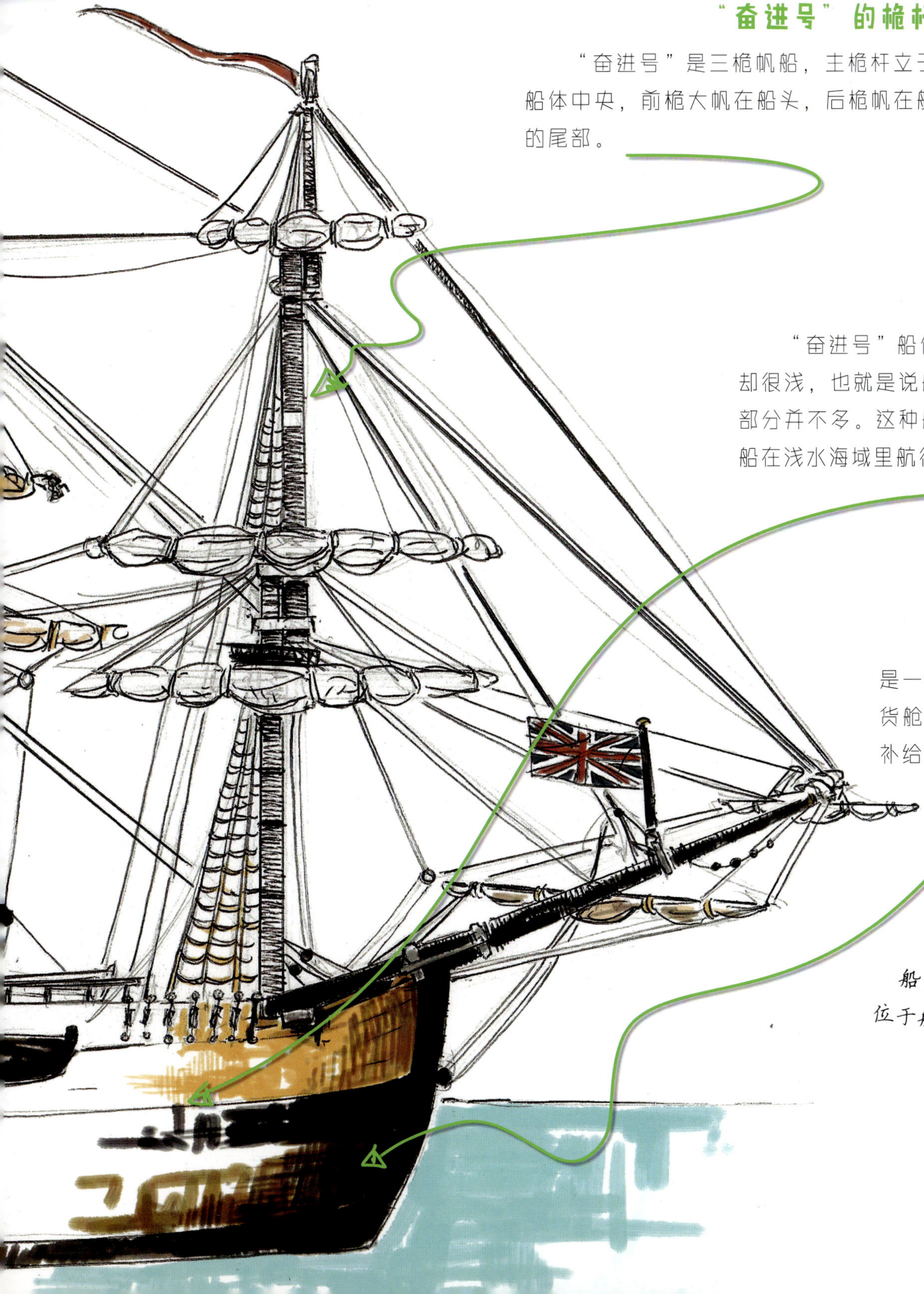

“奋进号”的桅杆

“奋进号”是三桅帆船，主桅杆立于船体中央，前桅大帆在船头，后桅帆在船的尾部。

船 体

“奋进号”船体宽大，但吃水却很浅，也就是说船体没于水下的部分并不多。这种船体特点有利于船在浅水海域里航行。

货 舱

由于“奋进号”原本是一艘运煤船，所以它的货舱很大，能够储备大量补给品。

船员的寝室位于船头部分。

第一次航海：穿越好望角

在1920年巴拿马运河通航之前，
从南美洲最南端绕行是从大西洋驶向太平洋的唯一航道。

有两条航线供库克选择：一条是通过南美洲大陆与火地岛之间的麦哲伦海峡；另一条是选择德雷克海峡，它位于南美洲最南端海域，南极洲与合恩角分别在它的南北两端隔海相望。

德雷克海峡得名于英国伟大的航海家弗朗西斯·德雷克。

麦哲伦海峡曲折迂回，水路狭窄，不利于航行，行船缓慢；德雷克海峡这条航线虽然能节省时间，但却凶险万分，那里常有狂风巨浪，而且水下布满了冰山。库克最终还是选择了后者，于是“奋进号”经由火地岛与埃斯塔多斯岛之间的勒美尔海峡进入了德雷克海峡，历经重重艰险，航船最终完好无损地绕过了合恩角。

火地岛

库克在火地岛有短暂的逗留并与当地的**原住民**有所接触。自16世纪初，**斐迪南·麦哲伦**完成首次环球航行后，这些原住民的生活环境已经有了天翻地覆的变化。

麦哲伦发现的世外桃源

智利和阿根廷南部海岸线上成群结队的**麦哲伦企鹅**不断吸引着“奋进号”船员们的目光。航船经过时正值企鹅的繁殖期，初生的小企鹅被自己的族群紧紧包围着，置身于一层又一层羽绒的温暖呵护中。

人间仙境——塔希提岛

进入太平洋海域后，“奋进号”调转船头，
向西北方航进，于1769年4月抵达法属波利尼西亚的岛群地带，
库克下令在塔希提岛抛锚登陆。

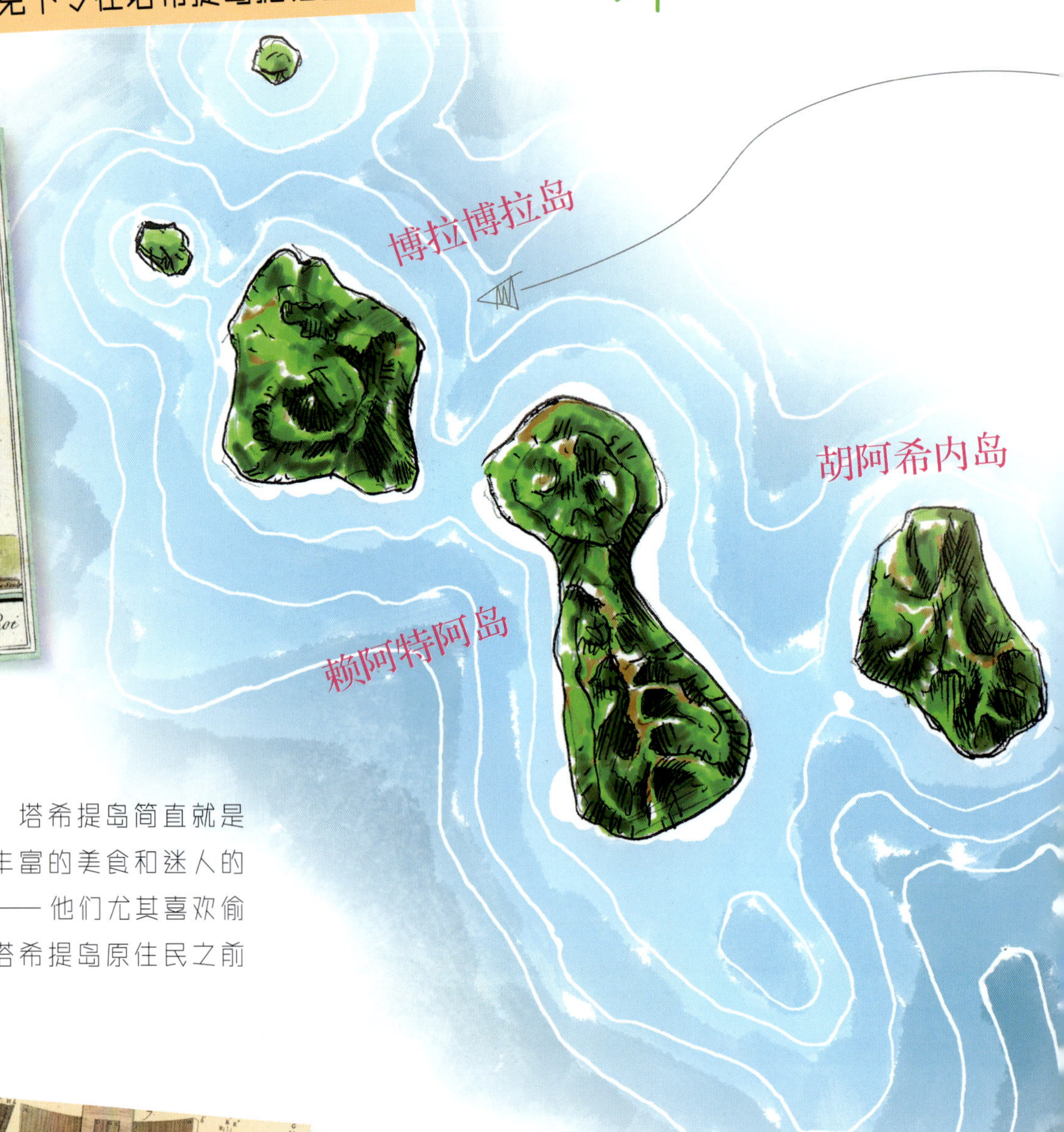

梦幻之岛

对库克和船员们来说，塔希提岛简直就是人间仙境：雄伟的山峰、丰富的美食和迷人的女子。只可惜小偷太多了——他们尤其喜欢偷**金属物品**。因为，当时的塔希提岛原住民之前从没有见过金属。

天文观测

观测**金星凌日**的天文现象是此次航海考察的任务之一，塔希提岛是皇家学会选定的理想观测地点。天文学家查尔斯·格林正是为了此刻而登船远航的，他透过他那金光闪闪的铜制天文象限仪遥望天空，仔细观测着这一天象……

库克一如既往地四处奔波，为各个岛屿绘制航海图，并把这些岛屿命名为社会群岛。社会群岛是法属波利尼西亚的主要岛群，分为向风群岛与背风群岛两部分。

图帕亚

为了更好地了解当地地形，库克将当地**部落的首领**请到船上，这位首领名叫图帕亚，他不仅是一位优秀的领航员，还是一位法力强大的**巫师**，传说他能够为船队召唤有利的风向。

库克以英国皇家学会的名义将这些群岛命名为社会群岛。

考察新西兰

库克重新起航，这时他身负另一项重任：找到“南方大陆”。但由于天气原因，库克放弃了继续向南航行，改向西进发，不久，来到了一个世纪前荷兰航海家阿贝尔·塔斯曼发现的新大陆——新西兰。

发现大陆

1769年10月7日，年轻的见习水手尼古拉斯·扬瞭望到了位于新西兰北岛东海岸的**波弗蒂湾**西端，从那天起，这一片海岬就以这位水手的名字命名为**扬尼克斯角**。

沿岸考察

库克围绕新西兰北岛航行一周，发现了**北岛**与**南岛**之间有一条狭长的海峡，这就是如今以他的名字命名的库克海峡。经过漫长的航行，库克考察了岛屿沿岸的地形，为新西兰约2400海里的海岸线绘制了一系列地图与航海图。

以库克所画航海图为蓝本绘制的1798年新西兰地图

新西兰由北岛与南岛两个大岛和周围的许多小岛组成。

塔斯曼家族

1642年，阿贝尔·塔斯曼受荷兰东印度公司之命前往太平洋航海考察。此行，他发现了澳大利亚南岸的**塔斯马尼亚岛**和新西兰。

无所畏惧的水手们

生活在大洋洲的原住民，每个都是老练的水手，他们能够凭借一艘小得不能再小但又十分坚固的**独木舟**，在一个个岛屿间来去自如。更为惊人的是，他们可以仅凭海浪的形状和海洋动物的特定状态，在茫茫大海中判断出大陆的方向。

一位面部文有刺青的毛利族酋长

毛利人

毛利人是**新西兰岛上最古老的原住民**，他们并不欢迎库克船长和他的手下。或许在当时他们就已经预料到，在不久的将来，他们生活的这片土地将受到欧洲人的殖民侵略，他们的族群将被迫生活在殖民者的统治之下……

植物学湾

离开新西兰后，库克曾试图寻找塔斯马尼亚岛，但因海上风暴不断而未能如愿，他只能命令“奋进号”改变航线，沿着澳大利亚海岸北上。最终，在位于今天悉尼市北部的植物学湾登陆。

光听名字大家应该就能猜到，植物学湾是植物学家的天堂。事实也确实如此，帆船刚一靠岸，约瑟夫·班克斯便迫不及待地跳下船，他不仅收集了大量的花草标本，还仔细观测了生活在这里的独特鸟类，其中包括著名的鹦形目鹦鹉科和凤头鹦鹉科中的各种鹦鹉。

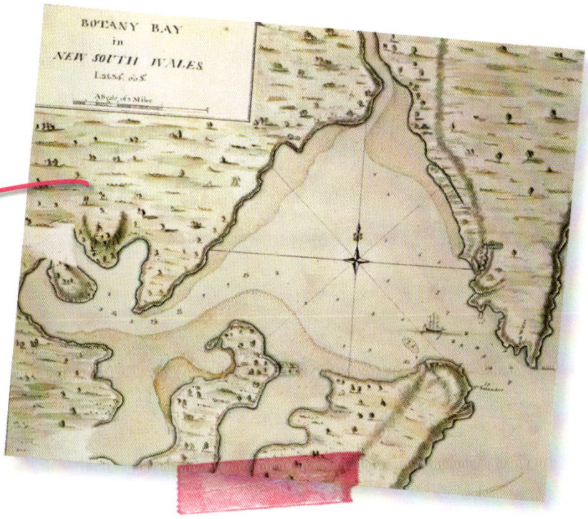

库克所绘制的植物学湾地图

原住民

“奋进号”的船员们也发现了**澳大利亚原住民**的存在，但并未与他们发生过面对面的接触。与新西兰毛利人一样，澳大利亚原住民后来也受到了欧洲殖民者的压迫与剥削，据统计，那时他们的人口已减少了90%。至今生活在澳大利亚的一部分欧洲殖民者的后裔仍享有一系列特权，他们的社会地位凌驾于原住民之上。

红树林

植物学湾沿海地带生长着茂密的红树林。这种植物之所以能够在**咸水**——也就是含盐分的水中生长，是由于**气根**的存在，这种根部结构能够使红树植物的根钻出水面呼吸。

“奋进号”在植物学湾停留了8天之后重新起航、扬帆北上，继续考察澳大利亚的东部沿岸。

大堡礁

当“奋进号”驶进这一片绵延千里的暗礁区时，航行变得寸步难行，险象环生。

多亏了库克船长的沉着指挥，再加上“奋进号”优秀的性能，最终使全船人员脱离了险境，只不过船身受了点“皮外伤”。

①

尽管有所防备，“奋进号”还是触礁搁浅了。幸运的是，因为“奋进号”船身扁平，所以并没有发生翻船事故。由于没有了海浪的缓冲作用，在船身与礁石的碰撞处产生了巨大的裂缝，海水从船身的裂缝不断渗入。庆幸的是，后来海水的潮汐将船身托了起来，解救了触礁的“奋进号”。

为了减轻船的负重，
库克下令将大炮和补给品等
都扔到了海里。

海洋奇观

在热带和亚热带海洋浅水区域，由成千上万的造礁珊瑚堆积成珊瑚礁。澳大利亚的大堡礁是世界上最大的珊瑚礁群，绵延2600千米。在这里，千奇百怪的软体动物、色彩缤纷的鱼群与神秘的儒艮，构成了一片迷

船身的裂痕如同被利器切割过一样……

②

无奈之下，库克下令将“奋进号”停靠在附近的一个港湾（现在的库克湾），船身侧卧，以便进行检查和维修。

③

经过一个多月的辛苦修复，“奋进号”奇迹般地恢复原貌并走出了珊瑚迷宫，再度起航。它穿越印度洋，绕过好望角并抵达大西洋，于 1771 年 7 月 13 日回到了它的祖国。

当地的野生动物

修复期间，“奋进号”的船员们与当地**袋鼠**有了亲密接触的机会……

玄燕鸥

海龟

巨型石斑鱼

人的海洋奇观。洄游的座头鲸不远万里来此交配繁殖，迁徙的海鸟筑巢于岛上，海龟趴在沙滩上产卵，处处呈现出一派生机勃勃的自然景致。

第二次航海：征服南极

1772年，已经晋升为海军中校的库克船长开始了他的第二次远航。这次航行的目的，是再次确认“南方大陆”的存在与否。

库克做了两次不同路线的尝试：第一次，他向南航行抵达好望角，勘察该地以南的海域，最后抵达南极圈；第二次，他从太平洋出发，扬帆南下，并到达了他毕生航海的最南点。但是，不管怎么找，他的眼前除了一望无际的大海和漂浮移动的冰山之外什么都没有，如果在那里真的有一片南方大陆，那也一定不是人类的居所，而是海豹与企鹅的国度。

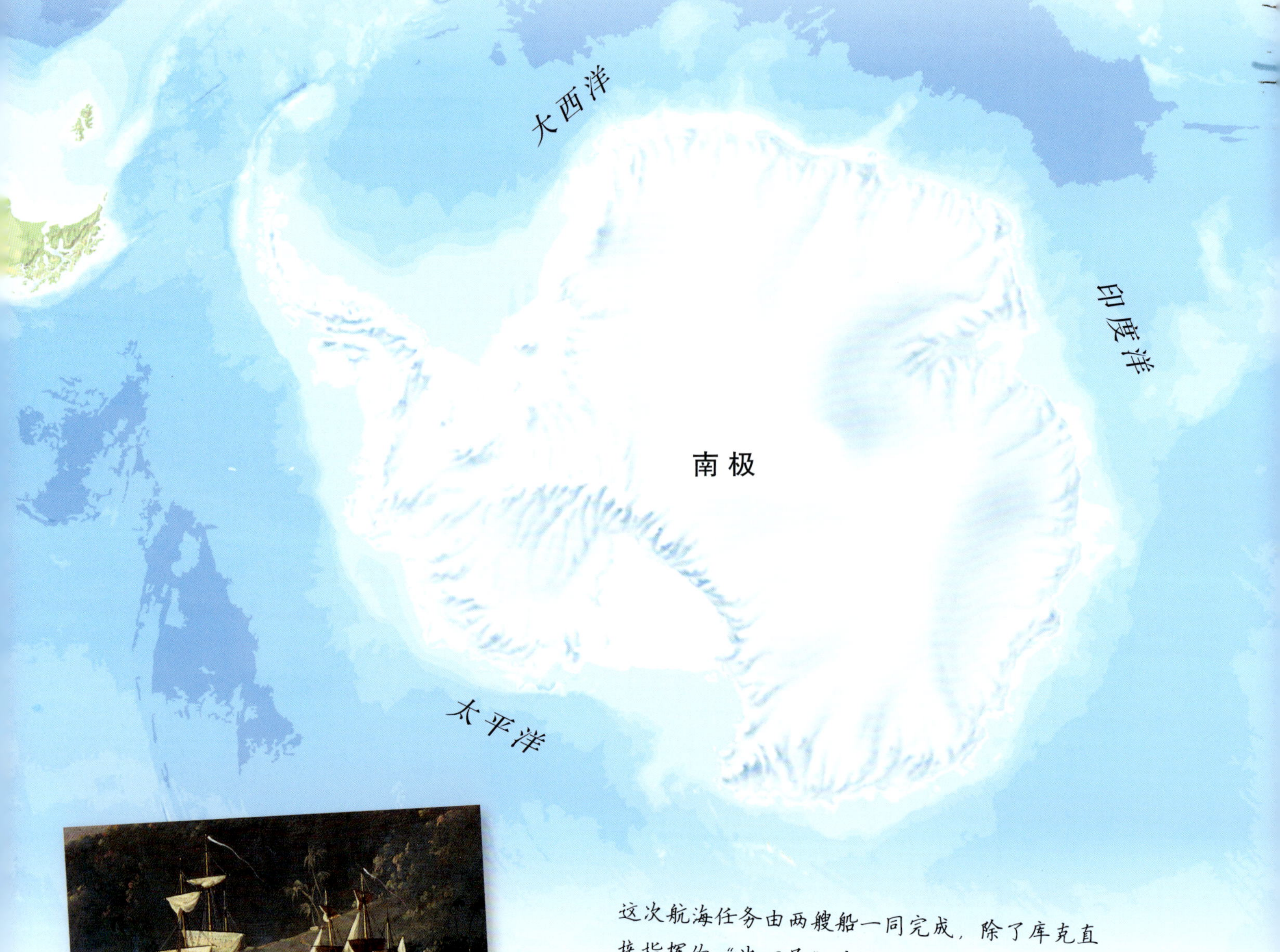

这次航海任务由两艘船一同完成，除了库克直接指挥的“决心号”外，还有一艘是由托拜比亚斯·弗诺指挥的“冒险号”。

这支从船头伸出来的桅杆被称作船艏斜桅。

航程的终点

当时最接近**南极**的人是“决心号”的一名水手，他爬到船艏斜桅的顶端，挥着帽子向后大声呼喊：“NEC PLUS ULTRA！”（“前面已经没有路啦！”），警告船员们这次向着南方的探险已经到达极限了，于是“决心号”调转船头，打道回府。

1912年，“泰坦尼克号”的沉没原因就是与冰山相撞。

冰山一角

冰山是指脱离了两极冰川或冰架的**巨大冰块**，它们在海面上随着海流漂浮。如果想要计算冰山的大小，你必须记住，它露出海面的部分只不过是它整体体积的10%，其余90%都沉没于海中。一直以来，冰山是**航海安全的巨大威胁**，尤其是在以前，因为那时候发现冰山的唯一手段是肉眼观测。

凯尔盖朗群岛

库克经印度洋返航途中，一度停泊于法国管辖之下的凯尔盖朗群岛。但在那里，并没有人“欢迎”库克一行的到来。由于这里的自然环境极其恶劣，库克又将它称作“荒野之岛”！

海岛奇遇记

库克并不满足于完成使命，在他探索未知大陆的往返途中，探寻了无数南方的岛屿，在那里，他发现了许多新奇的事物，进行了一系列科学考察和天文观测，并且绘制了数不胜数的航海地图……

汤加岛民为库克船长举行了一场盛大的篝火晚会。

汤加王国的友人们

库克在航行中还致力于寻找那些被人们渐渐淡忘的岛屿，也就是那些被前人描述过却没有被后人再次找到的地方。比如，1643年被阿贝尔·塔斯曼首次发现的、位于南太平洋的**汤加王国**。与其他岛屿上的原住民相反，库克受到了汤加岛民的热情招待，因此他又把这片群岛称作“友谊群岛”。

复活节岛

复活节岛是南太平洋上一个孤零零的小岛，位于波利尼西亚群岛与南美洲大陆中间的海域上。勇敢的库克船长克服艰难险阻，登上了这片人迹罕至的土地，复活节岛上神秘的**巨石雕像**令他惊叹万分。

环太平洋火山带

这是一个围绕太平洋经常发生地震和火山爆发的地区。地球上90%的地震发生在这条链状地带上，同时，该地带分布了地球上80%的活火山。但它们的分布并不均匀，太平洋西部岛屿活火山分布更为密集（从日本到新西兰一带），其中最为著名的要数印度尼西亚的喀拉喀托火山和日本的富士山，而在美洲大陆活火山分布则较少。

富士山

喀拉喀托火山

马伊的肖像画

塔希提岛对于库克来说就像临时的家一样。两次远航，他都在这里做了停留。这次他还邀请当地酋长家族中一位名叫马伊的**土著青年**登上了船，并把他带回了英国。在英国，马伊成了名人，他不仅进入了上流社会圈子，而且还得到了国王的接见，连当时英国最著名的画师都为他画了像。1776年，马伊再次登上库克的船，重新回到家乡塔希提岛。

库克的第二次远航共行驶了7万多海里！

大西洋的岛屿

回航途中，库克选择了与首次航海相反的航线，由南向北穿越了德雷克海峡，不仅如此，他在南大西洋还有了新的收获：登上了**南乔治亚岛**，发现并命名了**南桑威奇群岛**。对于航海冒险，库克始终意犹未尽，但最终，由于船内补给已消耗殆尽，他只能悻悻而归。

第三次航海：寻找北极

归国的库克被推选为英国皇家学会会员，更被尊为民族英雄。

1776年，他再次迎来新的探险，这一次他要指挥“决心号”和“发现号”，

挑战一个几乎“不可能完成的任务”：战胜重重冰雪的阻隔，

寻找连接北大西洋和太平洋的神秘航道——西北航道。

①

库克选择的航海路线如下：先绕过好望角，途经塔斯马尼亚岛、新西兰，再经过友谊群岛抵达塔希提岛，然后改道向北航行。船队在夏威夷群岛靠岸，他们成为到达这里的第一批白人。库克以时任英国第一海军大臣——桑威奇勋爵之名将这片岛屿命名为桑威奇群岛。

俄罗斯

②

船队沿着加拿大与阿拉斯加海岸线行驶，沿途库克与几个部落的印第安人有过交往，回程中他还参观了笼罩于薄雾之中的阿留申群岛，岛上建有俄罗斯的皮毛贸易基地。沿途的海岸在持续不断的大风的吹拂下，如同南极一样荒凉。

阿留申群岛

白令海峡

库克沿着分隔北美洲与亚洲的白令海峡一路北上，这条海峡是在半个世纪前，被探险家维他斯·白令所发现的。船队在亚洲海岸稍作休整后重新出发，这里已经属于俄罗斯了。

印第安人捕杀海獭并剥取它们的皮毛。

阿拉斯加

加拿大

1778年8月18日，船队行驶到本次航海探险活动的最北点。由于航道冰封，船队再无法继续前进，库克不得不下令返回夏威夷过冬。虽然此次航海失败了，但库克船长毫不气馁，他决定要在第二年的夏天重新再来。

北极熊

夏威夷，旅程的终点站

时隔数月，库克船长再次率船队回到夏威夷群岛修整。1779年2月13日，正是在这片如梦如幻的人间天堂，库克写下了他冒险传奇的最后一页……

毛利人所制作的库克人像木雕

被原住民奉为神灵

当船队第一次在夏威夷群岛靠岸时，库克船长被当作神，受到了岛民的隆重迎接。因为岛民看到的这艘前所未见的大船“决心号”，应验了当地**一个古老的预言**——它预示了神的降临，夏威夷的许多岛民都相信库克是**罗诺神**的化身。岛民的礼物源源不断地送来，根本无法阻止。

被水手们尊称为父亲

由于“决心号”受损，库克不得不再次折返夏威夷群岛，但是回到夏威夷群岛后，库克和同伴们看到的却是岛民毫不掩饰的不满和敌意。岛民偷了“发现号”上的一艘小艇，为了换回小艇，库克抓了一些岛民作为人质。在随之而来的混乱中，当库克转过身来背对岛民向船员喊话，命令他们停止射击时，突然一个岛民冲上来将长刀深深地戳进了他的背部，将他**刺死**。当他的遗体被抬回船上时，船员们无不悲伤哭泣，他们说，他们失去了一位父亲……

我10年环球航行中所探索和考察过的地方，比历史上任何一位航海家都要多……

克拉克船长

库克殉职后，克拉克接替了船长的职位，并向**西北航道**再度发起挑战。然而，北极的冰雪又一次无情地阻挡了他们的去路。

与坏血病做抗争

战胜坏血病也是库克伟大的成就。坏血病是由于人体内**缺乏维生素C**而引起的，这种疾病在长期航海者中十分常见。为了避免疾病的发生，库克不仅下令购入了大量蔬菜与水果，其中以**青柠**为主，而且还减少了船员饮食中腌肉的供应，并下令禁止船员食用黄油和猪油等高脂肪食品。

这张脸我在哪里见过呢……

在库克的探险过程中，他结识了许多来自世界各地的新朋友，随行的画师用画笔记录下了他们的身影。猜一猜，这些身着奇装异服的男男女女都来自哪里呢？

①

一名战士，库克将他所居住的岛屿命名为桑威奇岛

a 夏威夷群岛　b 阿留申群岛　c 汤加岛

②

白令海峡西岸大国的居民

a 俄罗斯　b 火地岛　c 澳大利亚

③ 某岛屿上的女子，这座岛屿因巨石雕像而闻名

a 塔希提岛　b 塔斯马尼亚岛　c 复活节岛

④ 社会群岛的一个岛屿上，
男子穿着典型服装

a 南乔治亚岛
b 新西兰
c 塔希提岛

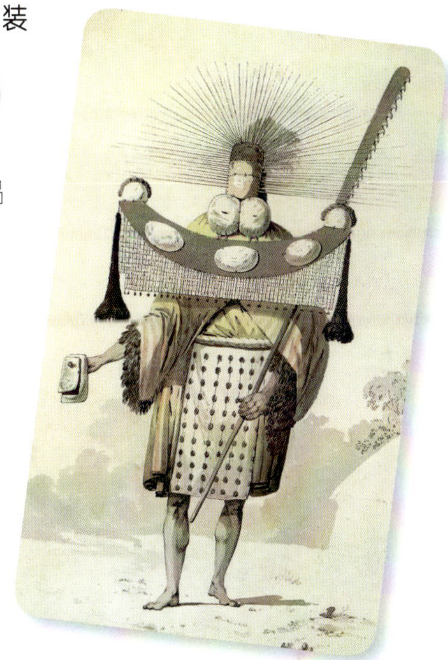

⑤ 某岛屿上的男子，这片岛屿位于阿拉斯加与
堪察加半岛之间，呈弧状分布

a 南桑威奇岛　b 阿留申群岛
c 社会群岛

⑥ 以三次环球航海而出名的航海家的国籍是

a 英国　b 印度尼西亚
c 阿根廷

答案

①a.②a.③c.④c.⑤b.
⑥a(库克船长肖像画).

今天的世界地图

经过长期的沿海考察，英国皇家海军绘制出了航海图。

今天这张地图的绘制，
凝聚了三个世纪前詹姆斯·库克的不懈探索和发现。

今天的大洋洲

詹姆斯·库克抵达波利尼西亚海域后，在塔希提岛抛锚登陆。

大洋洲的各个国家和岛屿见证了

库克一次又一次的航海探险经历。

海洋地图

“……我不仅打算比前人走得更远，而且要尽我所能走到最远……”

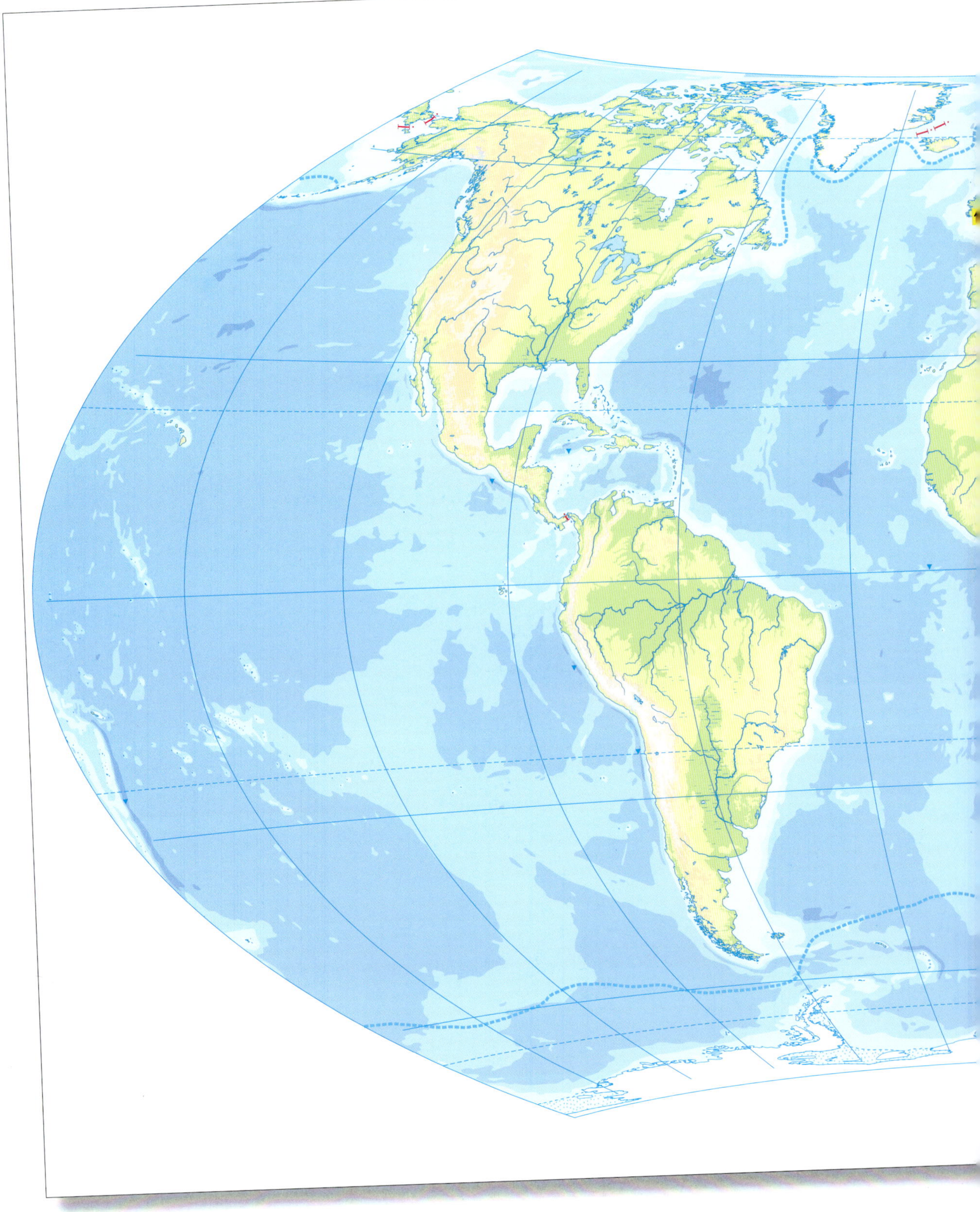

试着画出库克船长的远洋航线吧，
或者你也可以设计一条你在世界各地的探险路线。

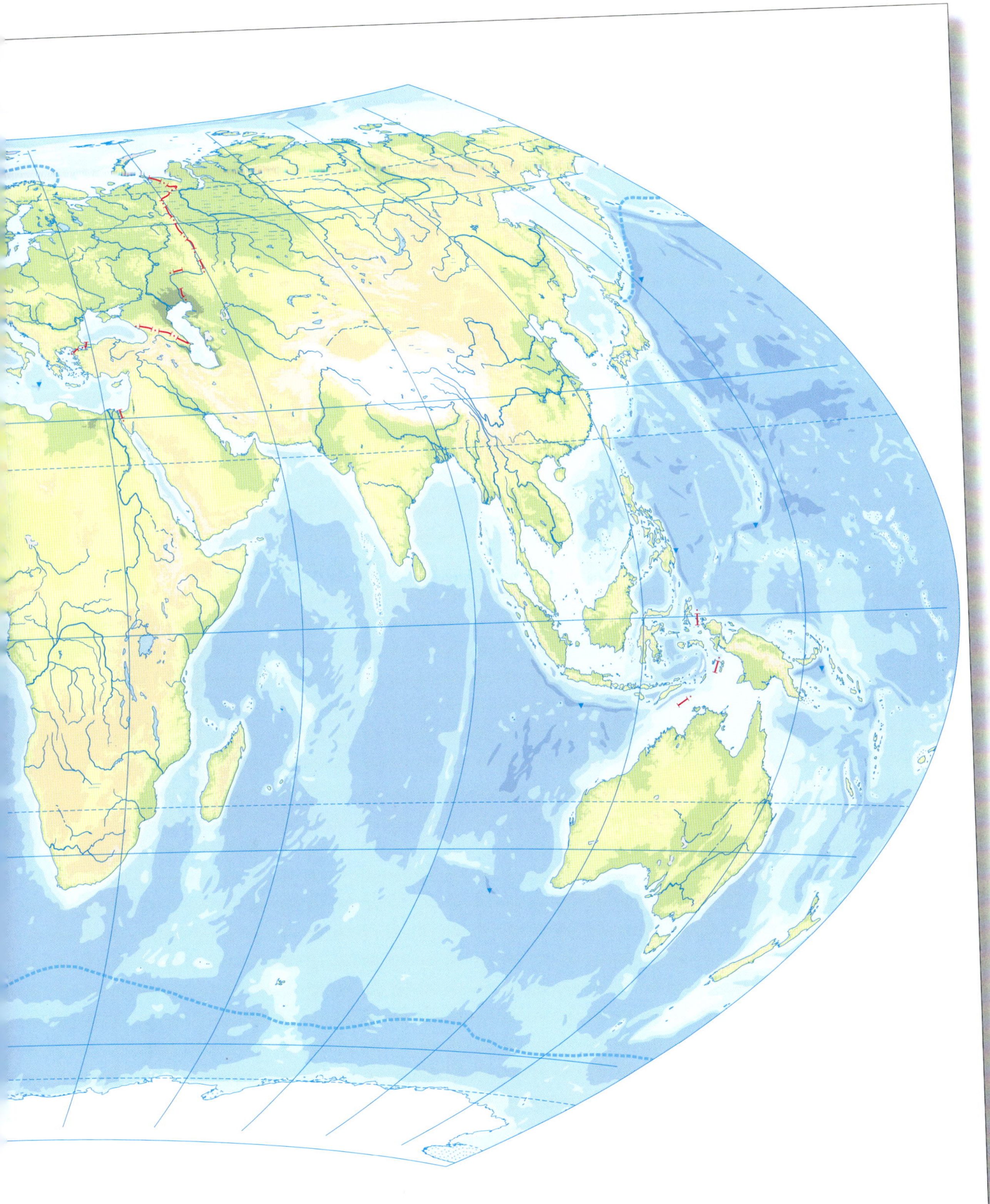

大洋洲地图

詹姆斯·库克考察了太平洋的许多岛屿。

试着认出地图中的陆地、岛屿和群岛，
并标出这位伟大的探险家所到过的地方。

北京市版权登记号 图字：01–2017–6299

图书在版编目（C I P）数据

库克船长远航 / 意大利Geo4map公司编著 ; 李亦颂译. -- 北京 : 中国大百科全书出版社，2018.3
（地图上的历史足迹）
ISBN 978–7–5202–0218–3

Ⅰ. ①库… Ⅱ. ①意… ②李… Ⅲ. ①库克（Cook, James 1728–1779）—生平事迹—地图集 Ⅳ. ①K835.615.89–64

中国版本图书馆CIP数据核字(2018)第004540号

译　　者：李亦颂
责任编辑：袁　存
地图编辑：武周芳
美术编辑：朱　天
封面设计：菠萝圈儿
责任印制：魏　婷

出版发行：中国大百科全书出版社
地　　址：北京市西城区阜成门北大街17号
邮政编码：100037
电　　话：010–88390603
网　　址：http://www.ecph.com.cn
印　　刷：北京地大天成印务有限公司
经　　销：全国各地新华书店
开　　本：889毫米×1194毫米 1/16
印　　张：2.5
版　　次：2018年3月第1版
印　　次：2018年3月第1次印刷
书　　号：ISBN 978–7–5202–0218–3
审 图 号：GS（2017）2812号
定　　价：78.00元（全3册）